LIDERAZGO

Habilidades para influenciar, comunicar efectivamente y alcanzar objetivos

(Sea confiado e inspire a la gente)

Kirk Pena

Publicado Por Daniel Heath

© Kirk Pena

Todos los derechos reservados

Liderazgo: Habilidades para influenciar, comunicar efectivamente y alcanzar objetivos (Sea confiado e inspire a la gente)

ISBN 978-1-989853-56-6

Este documento está orientado a proporcionar información exacta y confiable con respecto al tema y asunto que trata. La publicación se vende con la idea de que el editor no esté obligado a prestar contabilidad, permitida oficialmente, u otros servicios cualificados. Si se necesita asesoramiento, legal o profesional, debería solicitar a una persona con experiencia en la profesión.

Desde una Declaración de Principios aceptada y aprobada tanto por un comité de la American Bar Association (el Colegio de Abogados de Estados Unidos) como por un comité de editores y asociaciones.

No se permite la reproducción, duplicado o transmisión de cualquier parte de este documento en cualquier medio electrónico o formato impreso. Se prohíbe de forma estricta la grabación de esta publicación así como tampoco se permite cualquier almacenamiento de este documento sin permiso escrito del editor. Todos los derechos reservados.

Se establece que la información que contiene este documento es veraz y coherente, ya que cualquier responsabilidad, en términos de falta de atención o de otro tipo, por el uso o abuso de cualquier política, proceso o dirección contenida en este documento será responsabilidad exclusiva y absoluta del lector receptor. Bajo ninguna circunstancia se hará responsable o culpable de forma legal al editor por cualquier reparación, daños o pérdida monetaria debido a la información aquí contenida, ya sea de forma directa o indirectamente.

Los respectivos autores son propietarios de todos los derechos de autor que no están en posesión del editor.

La información aquí contenida se ofrece únicamente con fines informativos y, como tal, es universal. La presentación de la información se realiza sin contrato ni ningún tipo de garantía.

Las marcas registradas utilizadas son sin ningún tipo de consentimiento y la publicación de la marca registrada es sin el permiso o respaldo del propietario de esta. Todas las marcas registradas y demás marcas incluidas en este libro son solo para fines de aclaración y son propiedad de los mismos propietarios, no están afiliadas a este documento.

TABLA DE CONTENIDO

Parte 1 1

Introducción 2

Capítulo Uno: Construyendo Tu Confianza 5

ETAPA UNO: TRATANDO CON LA INSEGURIDAD................................ 8
ETAPA DOS: DEJAR DE COMPETIR POR VALIDACIÓN. 11
TERCERA ETAPA: MENTE, CUERPO Y ALMA - LOGRAR EL EQUILIBRIO. 12
ETAPA CUATRO: CÓMO MEJORAR TUS HABILIDADES SOCIALES 13
ETAPA CINCO: AUTOCONFIANZA EN EL TRABAJO. 14
ETAPA SEIS: CÓMO USAR EL LENGUAJE CORPORAL PARA INTERACTUAR.
.... 15
ETAPA SIETE: SOCIALIZAR COMO UN PROFESIONAL. 15

Capítulo Dos: Tratando Con La Inseguridad....................... 17

EL PERDÓN 20

Capítulo Tres: Deshaciéndote De Tu Miedo A La
Autoexpresión 22

DISCULPÁNDOSE.. 26
FINGIR 27
NEUTRALIDAD... 29

Capítulo Cuatro: Preparándote Con Tu Mente, Cuerpo Y
Alma. 31

Capítulo Cinco: Comunícate Como Líder. 35

Capítulo Seis: Habilidades De Liderazgo En El Trabajo. 40

EXPERIENCIA 101... 41
ASERTIVIDAD 101 44
SI DESEAS SER MÁS CREÍBLE Y DESEAS QUE TU OPINIÓN SE TOME EN
SERIO, ASEGÚRATE DE EVITAR USAR LAS SIGUIENTES PALABRAS: 46
EN SU LUGAR, REEMPLAZA ESTAS PALABRAS CON LAS SIGUIENTES
PALABRAS O FRASES A UTILIZAR: 46
RELACIONES INTERPERSONALES 101 47

Capítulo Siete: Buen Uso Del Lenguaje Corporal En Un Buen

- Liderazgo. 50
- Los Líderes Son Sociales 55
  - APARIENCIA 56
  - APROXIMACIÓN 57
  - ATENCIÓN 58
- Conclusión 60
- Parte 2 61
- Introducción 62
- Capítulo 1 - El Líder Seguro 63
  - CÓMO CONVERTIRSE EN UN LÍDER SEGURO DE SÍ MISMO: 64
- Capítulo 2 - El Líder Auto-Disciplinado 67
  - CÓMO CONVERTIRSE EN UN LÍDER AUTO-DISCIPLINADO: 68
- Capítulo 3 – El Líder Honesto 71
  - CÓMO CONVERTIRSE EN UN LÍDER HONESTO: 72
- Capítulo 4 - El Líder Organizado 75
  - CÓMO CONVERTIRSE EN UN LÍDER ORGANIZADO: 76
- Capítulo 5 – El Líder Comunicativo 79
  - CÓMO CONVERTIRSE EN UN LÍDER COMUNICATIVO: 80
- Capítulo 6 – El Líder Apasionado 82
  - CÓMO CONVERTIRSE EN UN LÍDER APASIONADO: 83
- Capítulo 7 –El Líder Optimista 86
  - CÓMO CONVERTIRSE EN UN LÍDER OPTIMISTA: 87
- Capítulo 8 –El Líder Intuitivo 90
  - CÓMO CONVERTIRSE EN UN LÍDER INTUITIVO: 90
- Capítulo 9 – El Líder Creativo.. 94
  - CÓMO CONVERTIRSE EN UN LÍDER CREATIVO: 95

Capítulo 10 –El Líder Inspirador 98

CÓMO CONVERTIRSE EN UN LÍDER INSPIRADOR: 99

Conclusión 102

Parte 1

Introducción

Antes que nada, me gustaría felicitarte por haber dado finalmente el paso hacia la mejora de tu vida al convertirte en un líder más seguro. Tu simple acto de descargar este libro ya demuestra que has tenido suficiente de tus viejas costumbres y ahora estás listo para tomar al toro por los cuernos para lograr y obtener el estatus de liderazgo que mereces. Puedo prometerte que, en este libro, te proporcionaré los pasos y las técnicas esenciales que, de hecho, transformarán tu vida y te ayudarán a aumentar tus habilidades de liderazgo en poco tiempo.

En el mundo crítico de hoy, es fácil perder de vista nuestra autoestima real y permitir que la gente nos pise, por miedo a las críticas y situaciones vergonzosas. No tenemos la confianza para defender nuestras creencias e ideas y, en última instancia, permitir que otros tomen decisiones por nosotros.

El libro comienza tu viaje hacia el autodescubrimiento, enseñándote primero a que te pongas de acuerdo contigo mismo y cómo esos términos autodefinidos afectan la forma en que te perciben los que te rodean. Es importante que entiendas que la confianza en uno mismo no se construye ni se destruye en un día. Por esta razón, es esencial que te tomes el tiempo para pensar y analizar las situaciones cruciales que condujeron a la disminución de la autoconfianza en tu vida.

Una vez que hayas identificado los términos que te han llevado a tu estado actual de confianza, no deberá ser tan difícil reemplazar tu baja autoestima actual con una más empoderada. Esta realización también te preparará para comenzar a implementar los pasos y las técnicas que se enseñan en este libro e inmediatamente comenzarás a transformar tu vida.

Mi intención, al final de estos ocho

capítulos, es que tengas un plan de pasos a seguir que te ayudará enormemente a convertirte en el líder que deseas ser. El libro demostrará que lograr la confianza para convertirse en un buen líder, es algo que es posible para cualquier persona, en cualquier momento de su vida.

¿Estás listo para despedirte del viejo tú? ¿Estás listo para seguir adelante y finalmente convertirte en el líder que siempre quisiste ser?

Si es así, te felicito por dar este paso tan importante para transformar tu vida. Te prometo que si tienes suficiente deseo, con la ayuda de los principios destacados en este libro, podrás lograr no solo el respeto de los demás, sino que serás considerado una figura de autoridad por casi todos los que te rodean.

¡Comencemos este increíble viaje hacia un nuevo tú!

Capítulo uno: Construyendo tu confianza

"

¿Recuerdas lo que es ser un niño?
No, no estoy hablando de la escuela secundaria o la escuela preparatoria, me refiero a ser un niño, como volver a la escuela preescolar o el primer día de guardería. La razón por la que quiero que vuelvas al momento en que eras un niño pequeño es porque quiero que recuerdes el sentimiento de invencibilidad con el que todos nacemos.

¿Sabes de lo que estoy hablando? Es la sensación que te hizo pensar que podrías crecer para convertirte en un superhéroe y salvar el mundo, o que si te subes a tu trampolín lo suficientemente fuerte, podrías despegar y volar como Superman. Desafortunadamente para muchos de nosotros, esos pocos momentos fugaces de nuestra infancia fueron la última vez que realmente sentimos una verdadera confianza.

Este simple ejercicio mental de transportarte hacia atrás en el tiempo está destinado a ayudarte a darte cuenta de que no naciste de esta manera. Esta versión de ti que ahora quieres cambiar, la que desearías que fuera un poco más abierta y más segura, no eres tú en la forma en que empezaste.

La forma en que te sientes hoy, con miedo, duda e inseguridad que inunda tu mente a cada paso que das, es simplemente una representación externa de todas las cosas que te causaron dolor cuando eras niño. Permíteme intentar explicarlo de esta manera, ¿alguna vez escuchaste a tu médico decir que la fiebre no es una enfermedad?

Entonces, si tener fiebre no es una enfermedad, ¿qué es?
Es un síntoma.

Básicamente, tener fiebre significa que algo está sucediendo dentro de tu cuerpo. Puede ser un síntoma de algo mínimo, como un resfriado, o podría ser un síntoma de algo serio, como el cáncer. Pero la forma en que se presenta al mundo exterior es a través de un aumento de la temperatura que alerta a tu cuerpo de que algo no está bien. Nuestros cuerpos usan síntomas, como la fiebre, para hacernos saber que hay algo que requiere atención seria. Es una forma en que nuestros cuerpos nos protegen y nos notifican que las cosas podrían empeorar si no tomamos medidas.

Tus ansiedades son exactamente lo mismo, son síntomas. El miedo es una forma en que nuestros cerebros nos protegen de situaciones dolorosas o desagradables.

El miedo, la duda y la incertidumbre son respuestas automáticas a situaciones creadas por tu cerebro para protegerte. Estos son los mismos mecanismos de defensa que desencadenan fobias en millones de personas. En este viaje hacia la confianza total en sí mismo, tu primer paso será identificar las situaciones que hacen que tu cerebro desencadene estas respuestas. Una vez que hayas identificado estas situaciones, habrás dado un gran salto para convertirte en un líder eficaz.

Como mencioné anteriormente, este libro te proporcionará siete etapas esenciales que conducen a habilidades de liderazgo confiables. Me gustaría decirte que un paso es más importante que los otros, pero la realidad es que todos serán una contribución crucial para tu viaje.

Etapa Uno: Tratando con la inseguridad.

¿Alguna vez has escuchado a alguien tratar de justificar su falta de confianza diciendo que son tímidos? Estas personas a menudo se escuchan diciendo: "No puedo conocer gente nueva. No es mi culpa, nací con el gen tímido" o "No puedo hablar delante de la clase, soy tímido". Bueno, déjame decirte que estas excusas no son más que una gran carga de TONTERÍAS.

Nadie nace realmente siendo tímido. Cuando somos niños, no tenemos miedo de hablar con nadie. Nuestro deseo de comunicarnos a menudo nos llevaría al punto en que nuestros padres tenían que restringir con quién podíamos hablar. Los niños también son conocidos por su honestidad. ¿Alguna vez ha escuchado el dicho, "si quiere escuchar la verdad, pregúntele a un niño?" Esto se debe a que los niños no temen lo que alguien piense de ellos, su enfoque es divertirse, disfrutar y explorar.

Desafortunadamente, a medida que envejecemos, encontramos situaciones que disminuyen nuestra confianza. Estas situaciones pueden ser momentos embarazosos en los que otros se burlan de nosotros, o situaciones que nos han causado algún tipo de dolor emocional. Con el tiempo, estas situaciones han creado una barrera de protección en nuestros cerebros, que se activa cada vez que nos encontramos en entornos similares.

Por ejemplo: si una vez te le declaraste a la chica hermosa con la que estabas enamorado en el baile de graduación de la escuela secundaria y luego te rechazó en frente de todo tu grupo, esa situación podría haberte causado tanto dolor y vergüenza que tu mente subconsciente creó una barrera de protección para evitar que volvieras a experimentar ese mismo sentimiento. Por lo tanto, es posible que ahora tengas miedo de acercarte y comenzar una conversación con una chica guapa en la calle y pedirle su número de teléfono o una cita.

Comprende que la inseguridad es algo que se ha activado inconscientemente dentro de nosotros en algún momento de nuestras vidas, por diferentes situaciones y circunstancias. Pero también entiende que al igual que estas dudas se han desencadenado, también pueden experimentar el efecto inverso. No hay mejor persona para hacerlo que nosotros mismos.

Etapa dos: dejar de competir por validación.

En este mundo moderno de conectividad constante a las redes sociales, no es de sorprenderse que para la mayoría de las personas, la percepción de la autoestima no depende de ellos mismos, sino de quienes las rodean. Para estas personas, la autoestima no se trata de la forma en que se ven a sí mismas, sino de la forma en que los demás las ven.

Es muy simple, como un niño que busca la validación de su madre después de hacer su primer dibujo. Solo en lugar de la calurosa aprobación que una madre o un ser querido suele otorgar a un niño, las redes sociales están llenas de personas que se nutren de intenciones maliciosas y humillan a otras personas para sentirse mejor.

Cuando se busca la aprobación a través de las redes sociales, no se hace por la validación de aquellos que tienen en mente el mejor interés, sino de las masas sin rostro. Si buscas validación y esperas que te acepten, volverá y te morderá el trasero la mayor parte del tiempo. Y, sin embargo, parece que no puedes dejar de buscar, una y otra vez, la aprobación de otros, muchos de los cuales nunca has conocido.

Bueno, hoy después de leer este libro, esa necesidad desesperada de aceptación deberáacabar y te mostraré cómo, solo sigue leyendo.

Tercera etapa: Mente, cuerpo y alma - lograr el equilibrio

El siguiente paso definitivo en este viaje hacia un liderazgo seguro, es tomar el control. Una de las características principales de una persona con baja confianza en sí misma es su incapacidad para actuar y su incapacidad para cumplir sus decisiones.

En este viaje hacia un liderazgo totalmente seguro, aprenderás acerca de la importancia de definir tus fallas, o "aprender lecciones", como a menudo prefiero llamarlas. Si realmente quieres convertirte en el líder seguro que siempre has querido ser, tienes que estar dispuesto a enfrentar tus miedos. Después de terminar este libro, deberías haber aprendido una manera diferente de ver las cosas; enfrentar tus miedos ya no deberá ser "tierra de nadie" para ti. Te mostraré diferentes maneras en las que puedes preparar tu mente y tu cuerpo en situaciones en las que te encuentres cara a cara con tus mayores temores y cómo superarlos.

Etapa cuatro: Cómo mejorar tus habilidades sociales

Ahora que ya hemos establecido la presencia de una notable falta de confianza en sí mismo y hemos aprendido a reconocerlo y superar estos obstáculos, es hora de que empecemos a avanzar y nos enfoquemos en convertirnos en un líder seguro y adepto socialmente.

¡Tus días como marginado social han llegado a su fin! Recuerda mantener la cabeza en alto mientras te enseño diferentes técnicas que te ayudarán a llevar tus habilidades sociales y de conversación a un nivel completamente nuevo.

Etapa Cinco: Autoconfianza en el trabajo.

Otra área de preocupación es el lugar de trabajo. Uno de los mayores inconvenientes de tener una baja autoestima es la forma en que afecta tu rendimiento laboral y tu potencial para ser un mejor empleado, miembro del equipo y líder de equipo. En el Paso Cinco abordaré este problema exacto, con mucho más detalle. Te daré consejos que puedes utilizar para crear a la persona competente y segura que necesitas ser, para no temerle los desafíos que tu trabajo pueda presentar.

Etapa seis: cómo usar el lenguaje corporal para interactuar.

La confianza en sí mismo tiene que ver con la comunicación, es un hecho que más del 50% de la comunicación de una persona es no verbal. ¿Sorprendido? ¡No lo estés! Piensa en esto como una buena oportunidad para que interactúes con las personas, sin tener que luchar para encontrar las palabras. En el Paso Seis, aprenderás cómo hacer que estas interacciones formen parte de su rutina diaria y a mezclarlas con tu personalidad. Así que prepárate para "brillar como un diamante" y conviértete en la vida de la fiesta.

Etapa siete: socializar como un profesional.

En la etapa final de este programa, aprenderás acerca de la integración social. Nosotros los humanos somos seres muy sociales en nuestro núcleo. Anhelamos la interacción humana, por lo que puede que te resulte difícil ser parte de la sociedad cuando no sabes cómo interactuar con diferentes personas.

Después de terminar este libro, todo quedará en el pasado si sigues y aplicas las técnicas enseñadas. En este paso final, aprenderás acerca de las cinco formas de hacer que las interacciones con las personas que te rodean sean fáciles y naturales.

¿Estás listo para comenzar la verdadera fase de aprendizaje?
¿Eso que acabo de escuchar fue un "sí"?
¡Genial!
¡Vamos a ir al grano!

Capítulo dos: Tratando con la inseguridad.

"No soy lo que me ha sucedido. Soy lo que elijo ser". – Carl Jung

Antes de comenzar con tu lección del capítulo, permíteme comenzar explicándote cómo funcionan los primeros tres capítulos. Las primeras tres etapas son como nuestra sesión de terapia: estos tres capítulos son donde hablamos sobre el origen de tu problema y exploramos en profundidad cómo afecta tu vida. Es importante profundizar en esto porque esta falta de confianza no surgió simplemente una buena mañana. Se desarrolló y se convirtió en algo profundamente arraigado en tu vida y personalidad durante un período de tiempo. Si realmente quieres cambiar, tendrás que entender este principio.

Los pasos en los capítulos son claros y fáciles de entender. Una vez que hayas comprendido el origen de tu inseguridad y poca conversación, te enseñaré una técnica realmente genial que te permitirá aprovecharla y utilizar tu inseguridad como una herramienta de mejora que te preparará para más pasos.

¿Suena demasiado bueno para ser verdad? Sigue leyendo para averiguarlo.

Por ahora, toma un bolígrafo y un pedazo de papel, tendrás que tomar algunas notas sobre esta increíble información que estás a punto de aprender. ¿Lápiz y papel a la mano? ¿¡Que estas esperando!? ¡Está bien vamos!

La inseguridad en pequeñas dosis es bastante normal. Pero tanto usted como yo sabemos que cuando la inseguridad está presente en cada decisión, puede comenzar a interferir con tu vida y tu felicidad. Pensemos en ello: ¿puedes volver a pensar sobre cuándo empezó tu inseguridad? ¿Cuál fue ese evento importante, el momento exacto en que las cosas cambiaron para ti?

Ahora, sé que tu reacción es decir que siempre fue así, pero ya hemos dicho cómo se adquiere la inseguridad. Vamos a tratar de resolver esto. Si aún te sientes estancado, trata de identificar exactamente qué situaciones desencadenan estos momentos de inseguridad: hablar en público, interacción humana simple, pensamientos de que no eres lo suficientemente bueno, o tal vez miedo de un paso social en falso.

¿Qué es?

¿Ya lo tienes?

¿Ese momento único cuando todo cambió?

Esa persona, ¿quién dijo algo o hizo algo que te hizo sentir como de tres centímetros de alto?

Bueno. Escríbelo.

Ese fue el primer paso para erradicar la inseguridad. El segundo es un poco más complicado. ¿Listo?

El perdón

No estoy hablando de perdonar a las personas que podrían haber implantado estos pensamientos en tu mente. En realidad, no hay nada que perdonar, ya que tú fuiste el único que aceptó estos pensamientos como verdad y nadie los forzó. Estas personas no son el problema, nunca lo fueron. La peor crítica que tuviste en ese lugar, ese día fuiste tú, y este perdón es una liberación compasiva que necesitas extender a ti mismo.

La vida es algo más que la perfección, y sé que puede ser difícil no responsabilizarse por ese sentimiento abrumador de insuficiencia que permeó ese día. Pero no puedes seguir pasando por esto. No es justo, y no debería ser justo para ti. Así que ¡deja de hacerlo ahora! Es la única forma en que te darás suficiente espacio para convertirte en una mejor persona y un mejor líder. Es la única manera en que puedes seguir adelante.

Perdónate por no ser perfecto; en primer lugar, eso nunca debió haber sido una carga para ti.

Recuerda que la prueba más fehaciente es la prueba de la resiliencia. Ahora que has podido identificar ese evento en particular que te robó la confianza, ¿por qué no sales a recuperar lo que es legítimamente tuyo?

No, no estoy hablando de violencia, estoy hablando de que estás recuperando tus pensamientos. Ahora es el momento en que demuestres que ellos están equivocados: trabaja duro, entrena más duro y conviértete en el ejemplo modelo de todo lo que te dijeron que *no podías.*
Una vez que lo hayas hecho, usa tu conocimiento para enseñar a otra persona a hacer lo mismo. Un buen líder inspira a otros a mejorar sus habilidades y confianza.

Capítulo tres: Deshaciéndote de tu miedo a la autoexpresión

No dejes que los demás te definan. No dejes que el pasado te confine. Toma el control de tu vida con confianza y determinación, y no hay límites en lo que puedes hacer o ser."– Michael Josephson

Como mencioné anteriormente, los humanos son criaturas sociales; dependemos tan fundamentalmente de las opiniones de los demás, que llegamos a un punto donde nuestro éxito personal no está determinado por nuestro propio juicio, sino por el juicio de otra persona. Aquí es donde el peligroso lado opuesto a tus percepciones sociales inherentes de ti mismo, amenaza con ser dictado y racionalizado por otros, o peor, confinado.

Ahora, es importante tener en cuenta que existe una diferencia entre pedir ayuda y solicitar validación. Pedir ayuda, o pedir una opinión, es parte del aprendizaje y también es una forma de mejorar tus habilidades sociales. Puedes pedirle a tu maestro una opinión sobre un artículo que escribiste, o a tus padres para que te ayuden en tu elección de universidad. Los estudios demuestran que si le pides a otra persona un favor pequeño y fácil de realizar, entonces agradéceles por su ayuda, ¡es más probable que te vean como una persona segura de sí misma!

Pedir ayuda es una actividad perfectamente normal. De hecho, es saludable porque le muestra a los demás que sabes lo que quieres y deseas saber más para poder tomar una decisión informada.

Es aquí donde difieren la validación y la solicitud de ayuda o de una opinión.
Validación, en una palabra, es desesperación.

Eres tú, permitiendo que tu propia inseguridad te paralice, en la medida en que no solo ignorastu propia autoestima, sino también tus propias opiniones. La validación es que estás buscando desesperadamente a alguien, a cualquiera, que te diga *qué* hacer, en lugar de que te proporcione retroalimentación constructiva sobre lo que *ya* estás haciendo.

Para ti, pedir una validación puede no parecer algo malo, porque así es como lo justificas. Haces excusas; explicas que no se trata de validación y que se trata solo de verificar para asegurarte de que estás haciendo las cosas bien. Pero, si estás en esa etapa en la que parece que no puedes confiar lo suficiente como para tomar decisiones personales, por ejemplo, para qué trabajo debes postularte, es probable que estés en el punto en que realmente necesites tomarte unos minutos para pensar y reconsiderar tus procesos de pensamiento y estrategias de toma de decisiones.

Nunca puedes convertirte en un líder verdaderamente seguro si dependes de la opinión de otra persona. No es así como funciona. De hecho, esa es en realidad una etapa del círculo vicioso de la negatividad.

Comienza con la inseguridad, que a su vez, progresa hacia una necesidad de validación, y luego, antes de que te des cuenta, tu necesidad de validación comienza a alimentar tu inseguridad una vez más. Literalmente no hay mayor pérdida de identidad propia.

Si eres alguien que constantemente requiere algún tipo de aprobación o validación de otra persona para todo lo que haces, deja de hacerlo inmediatamente. Solo evitará que tomes las decisiones que finalmente te ayudarán a crecer como persona y vencer cualquier desafío que desees superar. Los líderes toman decisiones, consultan a otros para obtener su opinión y luego siguen esas decisiones con confianza.

Lo que, por supuesto, nos lleva a la pregunta obvia: ¿cómo dejar de pedir una validación si no sabías que lo estabas haciendo?

Bueno, ahí es donde este libro interviene y te indica las tres principales señales de comportamiento que notarás en alguien

que está buscando validación.
¿Listo?

Disculpándose

Suena gracioso, ¿no es así, la idea de que pedir disculpas podría ser algo malo? Bueno, eso es lo que el que pide disculpas que está dentro de ti, quiere que pienses. Pedir disculpas constantemente, si tus opiniones no se adecuan a la norma, es un indicador importante de que estás buscando validación.

Esto no significa que toda disculpa sea un signo de validación. Pedir disculpas puede ser algo bueno o malo, es como una herramienta, depende de lo que está provocando tu disculpa.
Cuando te sientas en la necesidad de disculparte, hazte las siguientes preguntas:
"¿Por qué me disculpo exactamente?"
"¿Por ser diferente?"
"¿Por no estar de acuerdo?"
"¿Por tener una idea u opinión diferente?"

Está perfectamente bien tener una idea u

opinión diferente, eso es normal. Lo que no es normal es tu deseo de estar oculto en la multitud. La mayoría de las personas que buscan validación, la buscan de las masas, para que, pase lo que pase, no resalten.

Nunca te disculpes por dar una opinión; defiende lo que crees, incluso si todos los demás están en contra. Cambiar tu opinión para estar de acuerdo con la de ellos solo te hará parecer necesitado y eliminará cualquier credibilidad que tuvieras en todas tus opiniones futuras.

Así que pregúntate, ¿por qué te disculpas hoy?

Fingir

El siguiente denominador común en la búsqueda de validación de una persona suele ser alguna forma de pretensión. Mientras que ciertos individuos se vuelven pacifistas o peticionarios de disculpas, mientras intentan obtener aprobación, los demás, generalmente aquellos que son un poco más adeptos a la manipulación, descubren que otra forma de obtener aprobación es fingir que no estás seguro de ti mismo, o que finges ser una autoridad. De cualquier manera, el objetivo es usar una persona como frente.

Esta es una tendencia que se observa más notoriamente en las redes sociales porque es más fácil manipular la opinión pública cuando eres tú quien controla el flujo de información. También tiende a ser la generación milenaria que parece responder más a los lugares comunes y complementos, en parte debido a su edad y su necesidad aparentemente insaciable de obtener su validación de las redes sociales. También podría ser en parte debido a que las redes sociales han limitado su exposición al mundo real.

En lugar de ello, trata de ser tú mismo y acéptate como eres y como quieres ser. A veces es bueno falsificar la confianza, pero si lo haces, asegúrate de hacerlo en la vida real y no como una falsa persona en línea. Pruébalo cuando vayas de compras a tu centro comercial favorito o camines por tu parque favorito. Camina con la cabeza y el pecho hacia arriba, el estómago aspirado y cree fehacientemente que puedes hacer cualquier cosa y hablar con quien quieras. Si solo retratas la confianza en diferentes plataformas de redes sociales, podrías crear una realidad disruptiva en ti, que no te ayudará en absoluto en tus interacciones de la vida real. Entonces, en lugar de eso, asegúrate de mostrar confianza en la forma en que hablas, caminas e interactúas en la vida real, en lugar de en las redes sociales.

Neutralidad

El último manerismo notorio que el comportamiento de búsqueda de aprobación tiende a manifestar en las personas, es un sentido de falsa diplomacia. Ahora, este es un paso más allá de la mera pretensión y limita con la tierra del subterfugio. Muchos de estos individuos crecieron al darse cuenta de que quienes son no es exactamente lo que todos quieren que sean, y debido a que están profundamente arraigados a la necesidad de ser lo que todos quieren que sean, se encuentran tomando un terreno moral falso.

En estos casos, notarás que la persona tiende a estar de acuerdo o en desacuerdo no verbal, o con declaraciones no definitivas, para evitar que se le hagan preguntas.

Recuerda, estos no son rasgos definitivos que siempre indicarán la necesidad de validación. Pero al igual que las opiniones que todos tenemos, estos rasgos son indicativos de un panorama más amplio. Es importante que intentes comprender y visualizar esta imagen más grande, ya que te proporcionará algunas de las herramientas que te ayudarán a salir de este mar de desesperación.

Capítulo cuatro: preparándote con tu mente, cuerpo y alma.

"La confianza en sí mismo no se enseña ni se aprende; Se gana al superar tus propias limitaciones". – John Raynolds

Los antiguos filósofos chinos solían creer que la mente y el cuerpo eran dos partes de un todo, como Ying y Yang. Deben trabajar juntos en armonía si el todo iba a prosperar. Aquí, creemos que la confianza en sí mismo es también parte de un todo más grande; solo que aquí el todo es triple, como una trinidad.

La mente y el cuerpo son como el anzuelo y la carnada en un viaje de pesca, ambos necesarios, ambos igualmente importantes, pero también están incompletos sin una caña de pescar (el alma). Por lo tanto, en términos de liderazgo seguro, si bien es importante comenzar físicamente la acción y mentalmente prepararse para ello, es igualmente importante tener la voluntad o el impulso para hacerlo.

La clave para gestionar todas estas partes es aprender a crear ese equilibrio perfecto. Como ejemplo, pensemos en trabajar en nuestras habilidades para hablar en público. Ahora, tener miedo de hablar en el escenario es un miedo muy común, de hecho, es tan común que la mayoría de los estudios lo consideran el temor número uno para la mayoría de las personas, ¡incluso antes de la muerte! Pero lo creas o no, el miedo a hablar en público es mucho más fácil de combatir de lo que piensas. Aquí hay algunos consejos simples que te ayudarán.

Para comenzar, resaltemos las áreas en las que debemos trabajar, como la investigación de temas, los ensayos, o la motivación.

La investigación de temas y los ensayos parecen ser principalmente actividades basadas en la conducta, o componentes controlados por el cuerpo. En términos prácticos, lo son, pero también hay un componente mental, como decidir cómo deseas investigar tu tema, cómo abordar el problema y, lo que es más importante, cómo comenzar el discurso y cómo acercarte a tu audiencia. Crear este equilibrio tiene que ver con el manejo de estas partes y mantenerlas juntas con el alma.

La confianza en sí mismo se basa en los poseedores de una confianza y determinación positivas. Es este impulso y determinación lo que necesitas alcanzar, incluso cuando tienes tu cuerpo y tu mente en su lugar. La positividad y el impulso te permiten aspirar logros que normalmente considerarías fuera de tu alcance. Este sentido de satisfacción personal se materializa con cada pequeño logro que te ayuda a desarrollar una mejor autoestima. También es, en el contexto discutido anteriormente, ese pequeño empujón adicional que necesitas para ver tus ensayos e investigaciones, sin dilaciones ni excusas de ningún tipo.

Básicamente, la mente y el cuerpo trabajan al unísono, como un equipo de fútbol, pero es tu alma quien es el entrenador. Es la voz en tu cabeza la que te empuja a esforzarte e impulsarte un poco más. Ciertos académicos creen que una forma más fácil de lograr que tu "trinidad" adquiera el hábito de trabajar junta, es establecer objetivos específicos. El establecimiento de metas más cortas que puedes lograr, hace que sea más fácil para ti estar en tu camino hacia el panorama general. Esto no solo te permite aprender cómo asignar tu tiempo, energía y habilidades de organización, sino que también te ayuda a lidiar con tus viejos temores. Alcanzar muchos objetivos pequeños ayuda a crear una serie de historias de éxito, a las que siempre puedes referirte.

Recuerda: tú eres la suma de tus elecciones y estas elecciones crean tu vida. Por lo tanto, es muy importante hacer que cada una de ellas cuente.

Capítulo cinco: Comunícate como líder.

"Cuanto más trabajes para ser tú mismo, más probable será que te sientas determinado y significativo en tu vida". – Wayne W. Dyer

Las primeras tres etapas de esta guía de liderazgo seguro hablaron casi exclusivamente de la identificación, aceptación y comprensión de los diversos componentes que conducen a la composición genética de una falta de confianza de sí mismo. Sin embargo, a partir de este punto en adelante, nos centraremos en cómo abordar directamente los problemas que ya hemos identificado.

El número uno de nuestra lista fue el tema de la exclusión social. Una de las consecuencias más comunes de la falta de confianza social es la exclusión social, que por supuesto conduce a una pérdida aún más profunda de la autoestima y, básicamente, simplemente reactiva todo el ciclo de negatividad de nuevo. Como he dicho antes, todos estos componentes se suman a una imagen más grande, y, por lo tanto, es importante que para cambiar el resultado final, primero cambiemos los componentes iniciales.

Empecemos por desglosar las cosas: ¿por qué lidiamos con la exclusión social? Simple, porque por cualquier razón, no encajamos con las opciones sociales actuales que nos rodean. Ahora, hace un par de décadas, esto habría sido un problema real. Por suerte para nosotros, este es el siglo XXI, no es un gran problema en este momento. Con la invención de Internet, ahora tenemos la opción de lanzar una red mucho más amplia para nuestros "amigos", al buscar opciones en línea o en grupos de interés específicos. Si investigas un poco, literalmente puedes encontrar una comunidad para todo; desde la colección de sellos hasta los juegos internacionales: lo que sea, e Internet encontrará una manera de permitirte ponerte en contacto.

Sin embargo, lo que es más importante es cómo manejas estas interacciones basadas en la comunidad. Una vez que hayas encontrado a tu gente, o al menos, una vez que hayas encontrado un grupo más pequeño de personas con las que podrías esforzarte a mezclarte, es imperativo que luego te centres en las interacciones de menor escala que pueden ayudarte a escalar a conversaciones. Si, por otro lado, deseas tomar esta información y usarla en situaciones de la vida real, haciendo cosas tan simples como sonreír o simplemente un gesto de asentimiento, mientras pasas cerca de alguien, para ayudar a construir un posible saludo y posiblemente incluso una conversación. De hecho, mi capacidad de sonreír a extraños al azar, sin ninguna razón, jugó un papel muy importante en mi viaje personal hacia la total confianza en mí mismo. Entonces, asegúrate de sonreír siempre, lo peor que puede pasar es que no te devuelvan la sonrisa. Nada que pueda matarte, así que ahora,

¡regálame una gran sonrisa brillante!

Otro consejo muy importante para tu viaje de 30 días hacia un liderazgo seguro, es rodearse de personas que expresen sus mismas creencias y ambiciones. Estas personas te apoyarán, te motivarán y te reforzarán en tu viaje. Además, asegúrate de evitar a las personas negativas, ya que son la plaga, porque estas personas siempre te harán todo lo contrario alo que te hacen las que son positivas.

Suena bastante fácil, ¿no?
¡Es porque lo es!

Recuerda, una gran parte de la confianza en sí mismo se basa en actualizar los pasos que sabes que debe seguir. En términos de socialización a pequeña escala, trata de concentrarte en mantenerte involucrado. Habiendo dicho esto, intenta evitar estar demasiado involucrado o abrumador; recuerda que estas personas no necesariamente te quieren a ti en sus asuntos las 24 horas, los 7 días de la semana. Encuentratu propósito, trabaja en algo que te interese y busca el crecimiento personal a diario.

Cuando se trata lidiar e interactuar con las personas, aprende a ser un buen oyente. Los buenos oyentes realmente hacen a los mejores amigos y son muy apreciados por la mayoría, así que sé un buen oyente y cuando sientas que estás listo, puedes ser quien comparte. Antes de que te des cuenta, estarás acumulando amistades a la izquierda, derecha, arriba y abajo, y desde todos los lados y esquinas. Tus días de ser la flor de pared permanente, serán cosa del pasado.

Capítulo seis: Habilidades de liderazgo en el trabajo.

"Con la conciencia del propio potencial y la autoconfianza en la capacidad de sí mismo, uno puede construir un mundo mejor". – Dalai Lama

Muchas personas asumen erróneamente que los problemas de confianza en sí mismos son principalmente problemas de la escuela secundaria juvenil que los "adolescentes" necesitan superar. Lo que no ven, desafortunadamente, es que, en su mayor parte, los problemas de confianza en sí mismos pueden comenzar en nuestra adolescencia temprana y tardía, y los efectos nos siguen hasta nuestra edad adulta o, peor aún, a nuestros hogares y oficinas.

Ahora, ya hemos discutido cómo superar las ansiedades sociales. En este capítulo en particular, vamos a concentrarnos en los

problemas del lugar de trabajo, afectados por la falta de confianza en nosotros mismos. Al ilustrar las causas fundamentales y las formas de solucionar estos problemas particulares en la manera en que los verdaderos gerentes de recursos humanos están capacitados, se pueden desarrollar habilidades de liderazgo para la oficina.
¿Listo?

Hay tres aspectos principales según los cuales se juzga el liderazgo en el lugar de trabajo: experiencia, asertividad y relaciones interpersonales. Ahora, estos pueden parecer términos regulares, pero cada una de estas palabras cubre una serie de problemas en el lugar de trabajo, que requieren habilidades muy específicas. Habilidades que vas a necesitar poseer o adquirir para obtener la confianza necesaria para enfrentar tus desafíos diarios.

Experiencia 101

La construcción de experiencia laboral se

considera en realidad una de las partes más importantes de los logros en el lugar de trabajo. Ayuda a resaltar exactamente qué tan bien te las arreglas para trabajar en equipo y bajo el liderazgo de otra persona, así como tu capacidad para lidiar con tareas desconocidas o no deseadas.

Si quieres retratarte como líder, lo más importante es tener confianza en ti mismo. Y, esa confianza en sí mismo solo viene con la experiencia, ya que es casi imposible para alguien llegar a la cima sin ambas cualidades. La experiencia no solo desempeña un papel crucial en tu trabajo, sino también en muchas otras partes de la vida. La experiencia también es un gran refuerzo de confianza porque elimina la duda.

Debo mencionar aquí que es importante entender que la experiencia no es algo que se pueda obtener de la noche a la mañana, sino que se acumula con el tiempo. Obtener experiencia es como liberar una pequeña bola de nieve desde la cima de una montaña nevada muy alta. A medida que la bola de nieve avanza por la montaña, aumenta de tamaño a medida que acumula más y más nieve, hasta que se convierte en esta bola enorme que nada la puede detener. La experiencia y la confianza pueden relacionarse mucho con esta analogía. Nunca empezarás por la parte superior y serás imparable. En vez de ello, constrúyete poco a poco, hasta que tengas el impulso suficiente para convertirte en la persona imparable que deseas ser.

Asegúrate de obtener experiencia haciendo un trabajo bien hecho y tratando bien a las personas, esto asegurará que lo hagas de la manera correcta.

Por ejemplo, cuando trabajes en un equipo, asegúrate de decir "por favor" y "gracias" y asegúrate de hacerlo con frecuencia. Es importante que te asegures de que cada miembro de tu equipo se sienta reconocido y valorado individualmente. Al mismo tiempo, como parte del equipo, recuerde que siempre debes ser comunicativo y atractivo, ya que cuanto más te dejes ver, más se te acercarán posteriormente. Dicho esto, no te pongas demasiado agresivo. Recuerde que las oportunidades de experiencia son como las noches de juegos en la escuela secundaria: se trata del esfuerzo del equipo.

Asertividad 101

Una vez que hayas acumulado un repertorio razonable de experiencia, la siguiente habilidad importante en el lugar de trabajo que necesitas es la asertividad. Ahora, para las personas que ya están trabajando en sus problemas de confianza en sí mismos, sé que la sola idea de ser asertivo en el trabajo puede ser suficiente para darles fuertes palpitaciones. Pero, si realmente quieres elevarte por encima de la multitud, que es la única razón por la que estás haciendo todo este esfuerzo, entonces debes comenzar a usar tu experiencia para impulsarte hacia adelante.

Un buen jefe adora a los empleados inteligentes y abiertos, especialmente cuando esos empleados son capaces de comunicar sus ideas con el resto del equipo de una manera alentadora y efectiva. Una de las mejores maneras de ayudarte a ti mismo a ser asertivo es asegurándote de que estás bien preparado. La preparación previa, ya sea para un estudio individual o una presentación de trabajo, te ayudará a tener la confianza suficiente para explicar claramente tu punto a los demás. Otra forma de ser asertivo es ser positivo y franco en tu opinión. Aquí hay un buen consejo que te ayudará a convertirte en una persona más positiva y creíble al expresar tu opinión.

Si deseas ser más creíble y deseas que tu opinión se tome en serio, asegúrate de evitar usar las siguientes palabras:

- *Podría* - Esto no crea la sensación de que las cosas se harán.
- *Intentar* -Crea la sensación de que las cosas no se harán,ni incluso se tomarán en consideración.
- *Quizás* - Otra de esas palabras que no representa una sensación de seguridad.
- Los tres '-rías'; haría, podría, debería - estas palabras deberán eliminarse de tu vocabulario. Las personas seguras usan palabras más poderosas y asertivas cuando se comunican.

En su lugar, reemplaza estas palabras con las siguientes palabras o frases a utilizar:

- *Tiempo futuro* - crea seguridad de que las cosas se harán.
- *Voy a* - otra de los que te hace pensar que las cosas se harán

- *Absolutamente* - "Estoy absolutamente seguro de que las cosas se harán".
- *Definitivamente*, "Definitivamente voy a hacer esto".

El ejemplo anterior se utiliza para crear una idea de cómo otras personas pueden percibir estas palabras. Siéntete libre de agregar más a tu nuevo vocabulario cuando lo consideres oportuno, pero asegúrate de mantenerlo dentro del mismo contexto.

Relaciones interpersonales 101

Y, finalmente, el último consejo que puedo darte para ayudarte a crear tu nueva personalidad en el trabajo es: nunca olvides la importancia de las habilidades interpersonales. Ahora, las habilidades interpersonales no solo significan que es importante para ti, ser capaz de hablar con los demás. Significa que debe ser capaz de hablar con todos de una manera que les resulte aceptable y que también puedes escuchar y ser accesible cuando vengan a hablar contigo.

Para muchas personas que están tratando de aprender el proceso de comunicación efectiva, es fácil ponerse a la defensiva, pero desafortunadamente muchas veces esta actitud defensiva es percibida por otras personas como una arrogancia, que es una luz roja importante en la oficina. En lugar de ello, intenta usar la regla Positivo Negativo Positivo (PNP) donde intercalas todos los comentarios u observaciones negativos con afirmaciones positivas. Esto no solo te ayudará a expresar tu punto de vista sin ofender a nadie, sino que las afirmaciones positivas ayudarán a los demás a sentir que estás reconociendo sus esfuerzos.

Un ejemplo de la regla de PNP es algo como esto: "Aprecio todo el trabajo arduo que hizo en la propuesta. Encontré varios errores en el discurso, pero sé que los corregirá muy rápidamente. ¡Está haciendo un muy buen trabajo! "
Y ya está: tres cursos intensivos sobre

cómo llevar tu nueva autoconfianza a tu plan de trabajo y cómo usarla para ayudarte a destacar. Ahora, todo lo que queda es que salgas y lo pruebes.

Capítulo Siete: Buen uso del lenguaje corporal en un buen liderazgo.

"Conoce tus poderes. El poder de tus palabras, de tu silencio, de tu mente, de tu lenguaje corporal y de tu propio cuerpo. Contrólalos". – Sonya Teclai

Los seres humanos son seres sociales, esto ya lo hemos establecido, por eso hemos profundizado tanto en cómo se necesita interactuar y en cómo debemos enfocarnos en gran medida en el aspecto de la comunicación efectiva. Lo que dicen, lo que no dicen, e incluso cómo lo dicen, son cosas de las que no hemos hablado mucho. Sin embargo, en realidad es una de las cosas más importantes cuando se trata de crear una total confianza en sí mismo, y eso es el lenguaje corporal.

Desde el principio de los tiempos, la humanidad ha dependido de los conceptos básicos del lenguaje corporal para comunicar los matices más simples, como el toque de un amante o el toque de un amigo. Estos gestos silenciosos multifacéticos han sido objeto de interpretación humana, hasta tal punto que el cerebro humano ahora asocia ciertas formas de comportamiento con ciertas acciones futuras. Vamos a analizar ese comportamiento y acciones en este capítulo. ¿Qué dice nuestro lenguaje corporal sobre nosotros, y eso es lo que queremos que diga?

Comencemos con las formas comunes de lenguaje corporal que generalmente se ven en personas con baja autoestima. Las personas con baja confianza en sí mismas, o con un bajo sentido de autoestima, tienden a variar entre estar a la defensiva o cerrarse. Ambas características se identifican generalmente por la tendencia a cruzar los brazos o las piernas, una tendencia a encogerse o voltearse cuando se les habla, o peor, una tendencia a parecer distantes cuando se les habla.

Ahora, la ventaja es que TÚ ya no eres parte de este grupo. Entonces, lo más probable es que tu lenguaje corporal ya haya cambiado un poco, pero eso no significa que no puedas hacer algo de trabajo adicional. Recuerde que incluso algunas micro expresiones faciales pueden influir en la interpretación que otras personas puedan tener de ti, a primera vista, por lo que debes asegurarte de que no tengas microexpresiones negativas en absoluto.

Ahora se trata de proyectar unsentido de seguridad, ¡así que actúa como tal! Toma el control de tu cuerpo. Por supuesto, esto no significa que deba tratar de controlar cada músculo de tu cuerpo cuando te comuniques con los demás; eso realmente te hará salir como una persona extraña y socialmente torpe.

Así que en lugar de eso, respira profundo y cálmate. Vas a hacer todo lo que acabo de decir que no parecías estar haciendo, pero lo vas a hacer sin ninguna de las señales indicadoras.

¿Cómo?

Bueno, para empezar, vamos a deshacernos de todas las posturas defensivas a las que eres propenso. No más cruzar los brazos o las piernas, ni contraerse mientras hablas con alguien. En lugar de ello, trata de asegurarte de mantener el contacto visual y realiza movimientos internos sutiles con las manos, si las mueves. Los movimientos de la mano hacia adentro tienden a generar la idea de que estás conectando tus palabras con tu ser real. Esto ayuda a proyectar tu propia confianza a la persona con la que está hablando, que es exactamente lo que quieres hacer.

Puede sonar cliché, pero sonreír también ayuda a cambiar tu lenguaje corporal. Piensa en la persona con la que estás conversando, como tus clientes. Es tu trabajo hacer que se sientan bienvenidos y cómodos. Sonreír, o tener interacciones positivas antes de comenzar una conversación importante, puede ayudarte a construir relaciones mejores y más positivamentecargadas.

Saber cómo usar correctamente el lenguaje corporal puede ser una herramienta muy importante que puede ayudarte a interactuar mejor y conocer gente en el camino. Asegúrate de recordar los rasgos más importantes del lenguaje corporal de una persona segura:

- Camina como si fueras el dueño del lugar: con la cabeza y el pecho hacia arriba, el estómago aspirado y sonriendo.
- Mantén contacto visual con quien sea que participe en la conversación. Esto puede ser incómodo al principio, pero cuanto más lo haces, más natural se vuelve.
- Saluda a la gente en la calle, incluso si no obtienes una respuesta.
- Usa gestos con las manos cuando hablas, si está frente a grupos grandes, o incluso uno a uno.
- ¡Asegúrate de DIVERTIRTE!

Los líderes son sociales

"De hecho, la socialización nos brinda las herramientas para cumplir nuestros roles evolutivos. Son nuestros bloques de construcción". – Warren Farrell

Cuanto más envejecemos, más nos damos cuenta de que el mundo tal como lo conocemos, ha cambiado completamente desde nuestra infancia. Hemos pasado de un mundo en el que dependíamos de las pequeñas relaciones con la comunidad y los vínculos con las personas con las que nos hemos rodeado desde la infancia, a uno que funciona a escala global y nos exige que interactuemos con todo tipo de personas de todo el mundo.

La clave para socializar con personas de todas estas culturas diferentes es, simplemente, ser constantemente conscientes de sí mismos. Estar consciente del entorno y de las culturas con las que ahora estás imbuido, te dará una idea concreta de cómo debes interactuar con diferentes culturas sin ofenderlos.

Recuerda, los sentimientos importan; no querrías que alguien fuera insensible a los tuyos, así que no seas insensible a los suyos.

Pero, otras culturas son solo una parte de las variaciones que veremos fuera de nuestra propia puerta. Incluso la comunicación con personas mayores o menores requiere que adaptes un poco tu patrón de habla, para que te comprendan y valga la pena conversar. Para iniciar la conversación, sé amable y comienza con un cumplido. Si no tienesalguno, comienza con una pregunta: las simples sugerencias pueden permitirle a tu invitado sentirse querido y alentado, que es exactamente cómo deseas que se sienta.

Sin embargo, no queda ahí; socializar sin problemas se reduce a tres temas clave: nos gusta llamarlos las tres A de la socialización.

Apariencia

Para empezar, hablemos de la primera A, Apariencia. Es posible que te moleste un poco pensar que te juzgan por cómo te ves o qué te pones. Pero antes de enfadarte, trata de pensar de esta manera: no se te juzga por cómo te ves, sino por cómo eliges presentarte. Recuerda, solo tienes una oportunidad de causar una primera impresión y la mayoría de la comunicación comienza mucho antes de que puedas siquiera pensar en tus primeras palabras. Por lo tanto, es fundamental que tus sugerencias no verbales, como tu apariencia, sean informativas de cómo deseas que te perciban.

Aproximación

Nuestra segunda A también tiene que ver con señales no verbales en cierta medida, ya que se trata de la aproximación que eliges utilizar. Ahora tu aproximación es una mezcla de tu apariencia y tu comunicación inicial. Para resumir las cosas, es cómo te encuentras con la otra parte. Deseas presentarte como un líder seguro de sí mismo, pero no como un líder arrogante. Por lo tanto, es fundamental que te asegures de que tu aproximación sea exactamente como deberá ser.

Atención

Todo lo cual está determinado, en gran parte, por la Afinal- Atención. Tu apariencia siempre puede ser mitigada de alguna manera por tu aproximación, y tu aproximación siempre puede ser atenuada con su atención, porque al final, lo que la gente recuerda es cómo los trataste.

Y eso resume nuestro método de siete pasos para confiar en el liderazgo. Es un viaje turbulento que no siempre será fácil, pero para empezar, si puedes recordar las razones que te llevan a buscar mejorar tu confianza en ti mismo, puede ser un poco más fácil de lo que parece. Después de todo, ¿quién no tiene tiempo para perder unos días para aprender algo que le beneficiará el resto de su vida? ¡Es hora de que aprendas a derribar tus muros y de que lo celebres!

Convertirse en un líder más efectivo puede

ser un viaje hacia afuera, pero la voluntad de cambiar debe venir desde adentro.

Conclusión

¡Gracias de nuevo por descargar este libro! Espero que este libro te haya sido de gran ayuda y que haya sentado las bases para que puedas seguir y crecer día a día. Practica diariamente los principios que se enseñan en este libro y casi puedo garantizarte que comenzarás a ver resultados en unos pocos días. Como a menudo dice el gran Tony Robbins.

Parte 2

Introducción

Este libro está diseñado para aquellos que quieran saber qué rasgos necesitan poseer y perfeccionar para convertirse en grandes líderes a cualquier edad.Estos rasgos te permitirán convertir tus sueños en realidad al motivarte a transformar pensamientos en acciones.Es importante poseer cualidades de liderazgo, incluso si no eres el líder designado de tu equipo, ya que estas cualidades garantizarán tu éxito en lo que sea que elijas perseguir.

Cada capítulo de este libro es lo suficientemente fácil de leer y entender, esto es para que cualquier persona, desde un incipiente emprendedor hasta un nuevo joven en el mundo corporativo, pueda aprender y sentirse lo suficientemente inspirado como para cambiar su vida. ¡Acepta el desafío y conviértete en el líder que todos querrán admirar!

Gracias de nuevo por descargar este libro, ¡espero que lo disfruten!

Capítulo 1 - El Líder Seguro

Confianza es cuando crees en ti mismo y en tus habilidades. Nunca tengas dudas y preguntas sobre si eres lo suficientemente bueno, lo suficientemente fuerte o lo suficientemente valiente. Esto es especialmente evidente cuando la ocasión requiere de audacia.

Un líder seguro es alguien que tiene la voluntad de emprender tareas difíciles con una actitud positiva. Las personas quieren ser dirigidas por alguien que pueda mantenerse calmado, concentrado y seguro, tres rasgos importantes los cuales no pueden adquirirse sin un nivel de confianza saludable.

Además, la confianza de tal líder puede ser contagiosa, ya que el resto del equipo también comenzará a creer más en sí mismos. Los contratiempos y los obstáculos son una parte normal de cualquier proyecto, pero si el líder del equipo no tiene la confianza para superarlos, el resto del equipo también se derrumbará.

Cómo convertirse en un líder seguro de sí mismo:

La confianza no aparece de la noche a la mañana, pero se puede practicar diariamente para que pueda crecer. Para convertirse en un líder seguro, se deben aplicar las siguientes estrategias.

Sé un planificador: Es de naturaleza humana sentir una sensación de seguridad cuando se puede predecir algo. Crear un plan con pasos concretos te permitirá tomar conciencia de que algo se puede hacer, aumentando así tu confianza. Además, cualquier posible contratiempo se puede predecir más fácilmente cuando realmente te sientas y trazas cada tarea que necesitas realizar para acercarte más a la meta. La planificación eficaz también ayuda en situaciones impredecibles e inesperadas porque un buen líder siempre debe tener un plan de respaldo.

Domina el arte del poder de la vestimenta. La habilidadde lucir presentable inevitablemente afecta la confianza en uno mismo.¿No estarías de acuerdo en que es mucho más fácil creer en alguien que se ve presentable? Para convertirte en un líder seguro, también debes verte como uno. Por supuesto, esto no significa que debas vaciar tu billetera solo para comprar un traje caro, aunque invertir en uno mismo es algo en lo que todos los grandes líderes estarían de acuerdo. Puedes comenzar tomando cinco minutos extras de cada día para asegurarte que tu ropa esta planchada y te queda bien, que huelas agradablemente y que tu peinado este impecable.

Presta atención al lenguaje corporal. ¿Te aseguras de estar parado derecho con los hombros hacia atrás y el pecho hacia fuera? ¿Tu postura demuestra franqueza cada vez que hablas con alguien, o cruzas tus brazos y mantienes la cabeza inclinada hacia abajo? Los líderes seguros son aquellos que pueden comportarse con dignidad y elegancia. Si sientes que aun te falta mejorar en esta área, haz un esfuerzo cada día para corregir tu postura corporal y sé más consciente de cómo das la mano y te presentas ante los demás a través de tus movimientos.

El consejo más importante que cualquiera puede dar en términos de cómo ser seguro es simplemente creer en uno mismo. Al levantarte cada mañana, di "*Soy fuerte y seguro*". Cuando crees en ti mismo, todos los demás también creerán en ti.

Capítulo 2 - El líder Auto-disciplinado

La autodisciplina es el acto de controlar los propios impulsos por el bien del objetivo. Es la habilidad de negar la autogratificación instantánea porque el resultado de esta privación es esencial para el éxito. Un líder que es auto-disciplinado está destinado al éxito porque tiene la determinación de seguir adelante sin importar las tentaciones.

Todos los líderes deben ser auto-disciplinados, de lo contrario la falta de este rasgo se reflejará en sus miembros y nada puede lograrse de tal situación. Es la auto-disciplina lo que le permite a uno a ser consistente de lo que uno hace. La fuerza de voluntad es lo que te empuja a salir de una cama cálida y acogedora a las 5 de la mañana para seguir con tus tareas del día. Es lo que te obliga a tomar la decisión correcta, incluso si es la más difícil.

Es el líder auto-disciplinado quien se asegura de que todo esté funcionando sin problemas y que todos estén haciendo su parte del trabajo. Este líder es aquel que mejor entiende el concepto de que sin importar lo que suceda, el show debe continuar.

Cómo convertirse en un líder auto-disciplinado:

La persona que es permanentementeauto disciplinada no existe. Incluso los líderes más disciplinados del mundo admiten que hay momentos en que la tentación casi los supera; sin embargo, debido a que ellos eligen ser cada día auto-disciplinados, es más fácil para ellos tomar la decisión correcta, aunque sea la más difícil. También puedes convertirte en un líder auto-disciplinado trabajando con estas estrategias:

Elimina las Distracciones. Las distracciones están presentes en casi cualquier entorno, ya sea en el trabajo o en el espacio personal. Es esencial que tomes conciencia de cuáles son estas distracciones y luego tomes medidas para eliminarlas. Igualmente, debes ser sensible hacia el resto del equipo; ayúdales a reconocer que es lo que los distrae de tener un óptimo desempeño y preséntales soluciones para deshacerse de esas distracciones.

Por ejemplo, si tú y tu equipo están constantemente en las redes sociales, incluso durante las horas en que se supone que deben trabajar en su proyecto, conversen sobre cómo el bloqueo de estos sitios en determinados horarios puede beneficiarlos a todos.

Toma Descansos Programados. A menudo, algose vuelve más eficiente cuando se mueve como un reloj, como por ejemplo la productividad diaria. Imagina embarcarte en una tarea sin un tiempo claro sobre cuándo debe terminar; la mayoría de las veces, te encontrarás haciendo un esfuerzo excesivo y, posteriormente, agotado y desmotivado. No es de extrañar que las personas que se presionan un poco más duro de lo normal terminan desgastándose.

Para mantener la auto-disciplina, también debes conocer tu ritmo y el de tu equipo. Debes saber por cuánto tiempo puedes mantenerte productivo hasta que sientas la necesidad de tomar un descanso. El ser humano promedio, por ejemplo, puede trabajar en algo productivamente durante dos horas seguidas antes de que necesite alrededor de unos 15 minutos de descanso antes de seguir trabajando por otras dos horas. Asigna un horario de descanso fijo para ti y tu equipo y observa cuánto mejor se desempeñarán todos.

Capítulo 3 – El Líder Honesto

Es difícil, si no imposible, confiar en una persona que es engañosa. Las personas quieren depender de alguien que saben que no los engañará para que hagan algo en contra de su voluntad o los guíen a una trampa. Es por esta razón que un líder debe ser honesto.

Ser honesto con tu equipo demuestra que eres un profesional, incluso en momentos en que la verdad no es agradable, el líder debe practicar la transparencia. El equipo te lo agradecerá y, de hecho, se esforzará en trabajar más duro. Asimismo, al mostrar la honestidad como una virtud que defiendes en el equipo, se estimulará a que los demás miembros sean justos y honestos entre ellos también.

Ten cuidado de no confundir la honestidad con la franqueza. También debes identificar y tener en cuenta la cultura social de las personas con las que está conversando, ya que el ser demasiado directo a menudo se equipara a ser grosero en muchas sociedades. Crea ese equilibrio de ser tan sensible como honesto, porque eso es lo que hace a un gran líder.

Cómo convertirse en un líder honesto:

Para convertirte en un líder honesto, debes esforzarte por ser auténtico. Si bien es desafiante ser verdaderamente honesto y defender lo que crees, es la superación de este desafío lo que hace que uno sea un gran líder. Toma la decisión de ser honesto cada día teniendo en cuenta las siguientes estrategias:

Cumple con tus compromisos. Si te comprometes a hacer algo, debes convertirlo en una prioridad el mantener tu palara. Solo puedes ganarte el respeto de los demás cuando saben que eres el tipo de persona en la que pueden confiar. Una persona que abandona sus responsabilidades cuando las cosas se ponen difíciles definitivamente no tiene lo necesario para convertirse en un gran líder. Dicho esto, también debes saber cuándo decir no. Si sabes sin lugar a duda que algo está fuera del alcance de ti o de tu equipo, debes ser honesto al respecto, en lugar de asumir el rol y terminar con un rendimiento deficiente.

Reconocer tus debilidades.Las personas deshonestas tienen la costumbre de encubrir sus debilidades porque se sienten avergonzadas o amenazadas por ellas.Incluso pondrían a su equipo en riesgo solo para salvarse y evitar la confrontación. Esto puede ser difícil de hacer, pero esfuérzate por ser honesto acerca de tus propios errores con el resto del equipo. Ellos serán más considerados y respetuosos contigo cuando sepan que estás al tanto de tus transgresiones y que estás haciendo un esfuerzo por mejorar.

Ten Tacto.El conflicto solo aparece al ser uno demasiado honesto cuando se eligen las palabras equivocadas para expresar honestidad.Un líder honesto es alguien que asegura que la retroalimentación que él o ella está dando es constructiva e inspirará a la otra persona a mejorar. Un gran liderazgo es cuando puedes abordar la situación de una manera honesta y profesional y no dejas que tu propia ira se interponga en el progreso de tu equipo.

Por último, **sé específico** al transmitir un mensaje a otros. No trates al resto del equipo como si fueran lectores mentales que pueden captar declaraciones pasivo-agresivas y usarlas para superarse. Puedes ser específico sin herir los sentimientos de los demás al comenzar tus declaraciones aplicando el método sándwich, que consiste en señalar algo positivo, seguido de comentarios constructivos, y luego otro aspecto positivo.Esto te ayudará a ser honesto sin bajar la moral de tu equipo.

Capítulo 4 - El Líder Organizado

Para ser organizado, debes pensar de forma metódica y eficiente. También debes comprender las partes diferentes y coherentes de un todo y las funciones específicas de cada parte. Un líder organizado es alguien que valora este delicado equilibrio y sabe que para mantenerlo debe ser capaz de delegar sabiamente las tareas a las personas adecuadas.

El rasgo de ser organizado es esencial para casi cualquier esfuerzo. Un líder que posee tal rasgo es capaz de mantener una mente clara a lo largo de la ejecución de un proyecto porque sabe el quién, el cómo, el dónde y el por qué.

El líder organizado entiende sus propias fortalezas y debilidades, así como las del resto de los miembros del equipo. Sin importar cuánta carga de trabajo se esté acumulando, este líder puede organizar cada tarea en el departamento indicado. Este enfoque sistemático garantizará rendimientos y resultados de alta calidad.

Cómo convertirse en un líder organizado:

El ser organizado en la vida es la clave para lograr cualquier cosa que te propongas. Los líderes deberían ser capaces de poder planificar y delegar tareas de manera efectiva para que se pueda alcanzar el objetivo común. Aplica estas estrategias para convertirte en un líder organizado:

Respeta la Diversidad. Comprende que cada persona tiene fortalezas que beneficiarán al equipo, así como debilidades que pueden ser compensadas por las fortalezas de otros miembros. Presta atención a lo que cada miembro puede ofrecer y confía en que podrán desempeñarse de manera óptima.

Establece un conjunto de reglas claras. Es esencial que un líder se asegure de que todos entiendan completamente su rol y lo que se espera de ellos. Todos los miembros, incluido el propio líder, deben saber que su parte es tan importante como la de los demás. Siendo claros en esto, las reglas en el equipo comenzarán a tener mucho más sentido para todos, lo que significa que es más probable que todos se adhieran a ellas.

Da crédito a quien le corresponda. Parte de la responsabilidad de un líder organizado es distinguir los esfuerzos variados de cada miembro y reconocer sus contribuciones individuales. Claro, todos trabajan en equipo, pero eso no significa que la persona no tenga una mente que pueda pensar libremente por sí misma.Cada persona aún anhela por reafirmación por sus esfuerzos, especialmente una que provenga de su líder. Al otorgar esto, estás alentando a ese miembro a continuar haciendo lo mejor que pueda.

Mantén un ambiente organizado.No hace falta decir que, como líder organizado, debes ser quien da el ejemplo. La forma más sencilla de mostrar este rasgo es mantener un espacio de trabajo limpio y bien organizado. Dichos entornos promueven la eficiencia y la productividad porque eliminan días de revolverentre papeles para encontrar uno en específico.

Al final de cada día, limpia tu espacio y vuelve a poner todo en su lugar.

Si tienes dificultades en ser organizado, intenta adaptar un estilo de vida minimalista. Elimina cualquier objeto (y persona) que solo abarrotan tu entorno y tu mente para que así solo lo esencial se destaque.Al idear un plan de acción simple, todo se vuelve claro y más fácil de gestionar.

Capítulo 5 – El Líder Comunicativo

Uno de los rasgos más sobresalientes que separa a un líder del resto del equipo es la capacidad de comunicarse de manera efectiva.Las personas quieren escuchar a alguien que sepa expresarse bien con palabras y definitivamente quieren que esas palabras sean claras y concisas.

El líder comunicativo tiene la capacidad de relacionar la meta de manera que todos pueden asentir para estar de acuerdo.Los problemas internos se pueden resolver fácilmente debido a la capacidad de uno mismo para gestionar correctamente la comunicación entre los miembros.Por otro lado, si el líder no puede relacionar la misión con el equipo, entonces habrá una gran cantidad de problemas.

The communicative leader can turn the work environment into a productive one because he or she is able to train the members efficiently. El líder comunicativo puede convertir el ambiente de trabajo en uno productivo porque es capaz de capacitar a los miembros de manera eficaz.

Este líder también se asegura de estar disponible para cualquier consulta y de escuchar atentamente las ideas y comentarios de otros. Despues de todo, la comunicacion eficaz es una calle de doble sentido.

Cómo convertirse en un líder comunicativo:

Como líder comunicativo, debes ser capaz de aplicar consistentemente las siguientes estrategias para poder interactuar bien con su equipo:

Dirección a nivel personal. Evita dar un sermón frente al equipo y, en cambio, haz que la discusión sea más interactiva.Dirígete a las personas por sus nombres y haz preguntas abiertas para que tengan la oportunidad de responder.

Se específico. Evita la ambigüedad, especialmente cuando se trata de dar comentarios e instrucciones constructivas. Se breve y conciso para evitar confundir a los demás.

Cultiva empatía. Muchos líderes caen en el abismo de la arrogancia y terminan creyendo que son superiores a sus compañeros. Sin embargo, el líder solo juega un papel en el equipo; él o ella no es el centro del equipo. Como líder, debes ser empático con los demás en el equipo al considerar cómo te sentirías si estuvieras en su posición. Al ser empático, puedes ayudarles a resolver sus problemas de manera más eficiente.

Un líder comunicativo es alguien que tiene la capacidad de elegir el mejor enfoque para cada situación. Ten en cuenta que la comunicación también es algo cultural; solo porque el sentido del humor funcionó con una persona, no significa que funcionará con otra.Se sensible con el estilo de comunicación de otra persona y adáptate de acuerdo a la situación.

Capítulo 6 – El Líder Apasionado

Imagínate trabajar en un equipo en el que el mismo líder no se siente apasionado por lo que hace. En este escenario, es probable que todos los demás miembros también estén desmotivados, razón por la cual un gran líder debería sentirse apasionado por la meta y en el proceso para llegar a ella.

La pasión se describe como una emoción fuerte y se siente cuando uno cree en algo de todo corazón.La pasión es la que impulsa a una persona a seguir adelante y permanecer firme en el oficio. Si un líder apasionado muestra pasión, el resto del equipo también se sentirá motivado y se desempeñará en un nivel más alto.

No se puede negar que la pasión es algo que nadie puede forzar fuera de sí mismo, es por eso que cada uno siempre debería tener una visión y una misión hábilmente identificadas.Esto ayudará a reavivar la pasión que inicialmente permitió lanzar el proyecto en primer lugar. Un líder apasionado es alguien que está comprometido con estas afirmaciones y debe dejar que este compromiso se refleje en el desempeño del grupo y que aliente al resto a seguir su ejemplo.

Cómo convertirse en un líder apasionado:

Los líderes apasionados son aquellos que presentan el nivel más alto de compromiso con el objetivo del equipo. Despierta la pasión dentro de ti con estas estrategias:

Debes estar intrínsecamente motivado. Hay dos tipos de motivación: intrínseca y extrínseca. La motivación extrínseca es cuando estás motivado a hacer algo por razones externas, como alguien que está aprendiendo a ser médico debido al prestigio que viene con la profesión.Por otro lado, la motivación intrínseca es cuando quieres ser médico porque te apasiona ayudar a los demás. Dedica un poco de tu tiempo a reflexionar sobre el por qué quieres perseguir algo y si descubres que solo tienes una motivación extrínseca, entonces esfuérzate por hacerla intrínseca.

Debes estar abierto a discusiones sinceras. La mejor manera de encender la pasión de todo un equipo es permitiendo que todos expresen cómo se sienten acerca de un determinado proyecto.Antes de la discusión, establece claramente las reglas básicas, como por ejemplo el permitir que alguien termine de hablar antes de que el otro pueda opinar. Algunos líderes de equipo tienen un palo o bastón de conversación que se pasa alrededor del grupo; La persona que sostiene el palo no debe ser interrumpida de expresarse en el momento, pero esta persona debe pasar el palo a otra después de un límite de tiempo.

Afirma tu compromiso. Dejarles saber a todos que estás involucrado en el proyecto al cien por ciento establecerá tu compromiso en piedra y alentará a otros a que también lo hagan. También hay una gran diferencia entre mantener una promesa para ti mismo y comentarle al mundo sobre la misma, porque las personas generalmente se vuelven más comprometidas y apasionadas una vez que saben que todos los ojos están puestos en ellas.

Los líderes apasionados disfrutan lo que

hacen plenamente porque es algo que realmente les importa. Rodéate de un equipo que sea tan apasionado como tú y serás capaz de inspirar a otros y de hacer que sucedan grandes cosas.

Capítulo 7 –El Líder Optimista

Ser optimista es tener la esperanza de que todo saldrá bien. Es esencial que uno sea optimista sobre un proyecto en particular para que el desempeño sea impulsado por la perseverancia. También se debe enfatizar que es esencial mantener un ambiente de trabajo positivo para animar a todos los miembros del equipo y fomentar un rendimiento de alta calidad.

Los líderes deben pensar positivamente porque esto les permite tener la capacidad de resolver problemas y encontrar soluciones inteligentes. Un pesimista renunciaría a un proyecto y lo desecharía porque perdió la esperanza de que tuviera éxito, pero un optimista sabe que uno no debería rendirse fácilmente. Sabes lo que dicen, siempre puedes cambiar el plan, pero nunca debes cambiar la meta.

El líder optimista es alguien que lucha por el éxito y cree que el equipo tendrá éxito en sus esfuerzos. Este líder exuda una vibra positiva que combina diversión y productividad porque sabe que las personas se vuelven más devotas al éxito cuando son felices haciendo lo que hacen. La tarea que debe realizarse se convierte en algo que el equipo realmente quiere hacer.

Cómo convertirse en un líder optimista:

Muchos líderes caen en la trampa de volverse cínicos, razón por la cual hay bastantes libros y películas sobre jefes horribles. Definitivamente no querrás que alguien escriba un libro sobre tus malas habilidades de liderazgo, es por eso que debes recordarte constantemente estos consejos sobre cómo ser un líder optimista:

Enfócate en las soluciones. Una de las peores cosas que hacen los seres humanos cuando algo sale mal es el buscar a alguien a quien culpar, a veces incluso cuando realmente no hay nadie a quien culpar. Como líder optimista, debes dirigir a tu equipo a que se concentren en cómo solucionar el problema en lugar de señalarse el uno al otro.

Debes estar abierto a la crítica. Practica mantener la calma frente a alguien que te está criticando y convierte sus palabras en una experiencia de aprendizaje para seguir mejorando. Esto puede ser difícil de hacer al principio, pero eventualmente se volverá más fácil.

Resalta las buenas noticias. El líder optimista es alguien que puede encontrar pequeñas ganancias de grandes pérdidas todo el tiempo. Siempre comienza y termina la discusión con una nota positiva y trata los obstáculos como desafíos que su equipo puede superar. Al final de la reunión, todos habrán dejado la sala sintiéndose empoderados y emocionados en lugar de desanimados.

Una manera importante de pensar de los optimistas es que ven las experiencias negativas como casos aislados en lugar de generalizaciones. Por ejemplo, si un optimista cometió un error durante una presentación, él o ella pensará que solo necesitará mejorar la próxima vez.Por otro lado, un pesimista empezará a creer que no es bueno en las presentaciones y esto afectaría sus acciones futuras. Ten cuidado de no obsesionarte tanto de tus errores.

Capítulo 8 –El Líder Intuitivo

Las innovaciones nacen de la intuición. Después de todo, no se les llama ideas innovadoras si alguien ya las ha inventado.Una persona que es intuitiva es una persona que tiene una tendencia natural a saber si algo está bien o mal en función de cómo se siente al respecto. Cuando surgen situaciones inesperadas, uno confía en la intuición para superarlas.

Un líder intuitivo es un activo importante en el equipo, porque puede guiar al resto de los miembros a través de la oscuridad. Dichos líderes maximizan sus habilidades y confían en sus experiencias previas para tener una corazonada de si algo funcionará o no. No es frecuente que tengas el lujo del tiempo para tomar decisiones importantes, motivo por el cual debes confiar en tu intuición para tomar la mejor decisión para tu equipo.

Cómo convertirse en un líder intuitivo:

De todos los rasgos, la intuición es

probablemente la más difícil de perfeccionar. Esto se debe a que necesitas ser bastante bueno con todos los otros rasgos para que éste se desarrolle naturalmente. Sin embargo, hay técnicas que puedes utilizar para ayudar a mejorar tu intuición y permitirte ser un líder intuitivo:

Se Curioso. Cada vez que una idea se te presente, tómate el tiempo para reflexionar y cuestionarla. Pregúntate si esta idea es positiva, alcanzable y útil para ti y para los demás. Si se te presenta un nuevo estímulo, observa cómo funciona y cómo podría ser. Presta atención a los pequeños detalles y considera las posibilidades de por qué esos detalles están allí.

Practica la auto reflexión. Antes de acostarte a dormir, reflexiona sobre cómo pasaste el día. Escribe tus reflexiones en un diario para ayudarte a concentrarte y para llevar un registro de tus pensamientos. Reflexiona sobre cómo te sentiste físicamente, emocionalmente, mentalmente e incluso espiritualmente. Después, piensa en cómo podrías haber mejorado tu día y cómo puedes hacer que el mañana sea tan bueno o mejor que el de hoy.

Lee verdaderas historias de detectives. Muchos investigadores exitosos confían tanto en las pistas como en su intuición para resolver un misterio. Deja que sean tus modelos a seguir aprendiendo de cómo piensan. Observa cómo usan la deducción en función de las pocas pistas que han descubierto para hacer suposiciones inteligentes. A medida que leas sobre su trayecto, practica tu intuición haciendo suposiciones. Cuanto más leas sus historias notarás una mejora en ti mismo.

Otras habilidades que puedes desarrollar para mejorar tu intuición es aprender el lenguaje corporal de las personas. Por ejemplo, averigua cómo puedes saber si una persona está diciendo la verdad o mintiendo. Ten en cuenta las diferencias culturales.

Capítulo 9 – El Líder Creativo

Un líder creativo es alguien que es capaz de construir algo desde cero. Ser creativo significa que tienes la flexibilidad para adaptarte a cualquier situación y el ingenio para utilizar las habilidades y los materiales que estén disponibles.

Habrá momentos críticos durante el proceso de desarrollo de algo y las personas quieren confiar en un líder que sea lo suficientemente creativo como para ir más allá de lo predecible pensando con originalidad. Las nuevas ideas de un líder creativo no solo impresionarán a cualquier miembro del equipo, sino que también los inspirarán a salir de sus zonas de confort para explorar dentro de sus propios procesos creativos.

Si bien el líder creativo no necesariamente tiene que ser el más creativo en el equipo, debe ser progresista y abierto hacia las ideas impredecibles que tienen el potencial de convertirse en grandes.

Cómo convertirse en un líder creativo:

La creatividad es crucial para el éxito, es por eso todos los buenos líderes se esfuerzan constantemente por cultivarla. Lleva a tu equipo al camino de la innovación aplicando estas estrategias:

Valora la creatividad diversa. Cada miembro del equipo es capaz de ser creativo, es por eso que debes practicar el escuchar sus ideas e incorporarlas al proyecto en general. Ten en cuenta que no tienes que ser la persona más creativa del grupo para ser el líder creativo; más bien, es el líder creativo quien puede aprovechar los extractos creativos de todos los miembros del equipo para diseñar el mejor proyecto.

Desafíate a ti mismo y a los demás. ¿Crees que tienes una gran idea? ¡Entonces, pruébalo! Transforma tu idea en realidad y anima a otros a hacer lo mismo. Si ciertas ideas chocan dentro de un equipo, organiza un debate respetuoso para permitir que cada miembro exprese sus opiniones y deja que resalten las ideas sólidas y que las imperfectas que sean reconsideradas.

Rodéate de creatividad. Los artistas viven en un mundo lleno de arte. Pasan mucho tiempo en las galerías de arte para examinar las obras de genios y se convierten en aprendices de los antiguos maestros para perfeccionar su oficio. Independientemente del estilo creativo que quieras mejorar, también debes rodearte de él.

Como líder creativo, debes ser uno de los que apoya la creatividad de los demás. Ten cuidado de no juzgar el trabajo creativo de alguien con demasiada dureza comparándolo con tus propias ideas. Recuerda que cada persona tiene su propio estilo único y que al respetar ese estilo, los alientas a creer en sus ideas y a luchar constantemente por la innovación.

Capítulo 10 – El Líder Inspirador

La capacidad de inspirar es lo que hace que una persona sea carismática. A la gente le encanta cuando su mente está excitada para pensar de cierta manera y hacer ciertas cosas. Es por esta razón que las personas tienden a seguir a alguien que las inspira.

Un líder inspirador es alguien que puede hacer que los miembros del grupo se involucren emocionalmente en su esfuerzo compartido. Este rasgo le permite al líder mostrar a través de sus acciones e ideas lo que podría ser ideal, de esa manera puede servir como modelo para todos los demás en el equipo. Un líder inspirador también es alguien que puede levantar el ánimo de su equipo reconociendo sus esfuerzos y animándolos a mejorar sus habilidades. Este líder sabe muy bien que es de naturaleza humana buscar inspiración de otra persona, y que él o ella hace un esfuerzo consciente de liderar con el ejemplo.

Cómo convertirse en un líder inspirador:

Un equipo liderado por un líder inspirador siempre espera ansioso ir a trabajar. La gente quiere trabajar con alguien que emule los ideales de lo que el equipo representa. Aplica las siguientes estrategias para que puedas ser un líder inspirador:

Se entusiasta. Cada vez que hables con otros sobre una idea que te apasiona, permítete mostrar esa pasión. Se expresivo en tu elección de palabras y deja que tu energía sea positiva y vibrante. Piensa como una animadora principal antes de un gran juego y acepta el poder que tienes cuando se trata de aumentar la moral de quienes te rodean. Di afirmaciones genuinas y positivas hacia tu equipo para que fortalezcan el vínculo entre ustedes.

Usa visualización. Los seres humanos están naturalmente inclinados a pensar en forma de narraciones o historias. Es por esta razón que la mitología antigua y las parábolas resisten la prueba del tiempo en términos de cómo están arraigadas en la memoria de la persona. Como alguien que busca inspirar a otros, puedes hacer uso de esta inclinación enviando tu mensaje en forma de una historia. Por ejemplo, puedes usar historias reales de personas que han tenido éxito en sus vidas para elevar el ánimo de los miembros de tu equipo.

Fomenta las discusiones. Todos deben tener su parte justa de tiempo para expresarse y depende del líder inspirador darles la oportunidad de hacerlo. A la gente le gusta que su opinión sea tan bien valorada como la de los demás y, a menudo, sus ideas realmente pueden beneficiar al equipo. Ten en cuenta que las personas se sentirán más inspiradas en contribuir al proyecto una vez que sepan que también son jugadores, y no solo peones.

Como líder inspirador, debes esforzarte por permanecer fiel a tu visión y no dejarte llevar por logros superficiales. Cultiva un deseo genuino de crear algo que beneficie a la comunidad ya que solo con esto, es más que suficiente para que te conviertas en una inspiración para los demás.

Conclusión

¡Gracias de nuevo por descargar este libro! Has descubierto que los 10 rasgos fundamentales de un buen líder son el ser seguro, auto-disciplinado, honesto, organizado, comunicativo, apasionado, optimista, intuitivo, creativo e inspirador. El siguiente paso es que identifiques cuál de todos los rasgos posees y busques perfeccionar los otros rasgos a medida que avanzas en la búsqueda de tus objetivos.

Al despertar cada mañana, haz un esfuerzo consciente de poner en práctica las lecciones que has aprendido de este libro. Visualízate como el líder que aspiras ser, ya que pronto serás uno.

Antes que sigan Adelante, echen un vistazo a este regalo gratuito.

www.ingramcontent.com/pod-product-compliance
Lightning Source LLC
Chambersburg PA
CBHW071903070526
44583CB00016B/1822